W0369461

Elisabeth Kübler-Ross

Sehnsucht nach Hause

Elisabeth Kübler-Ross

Sehnsucht nach Hause

SILBERSCHNUR VERLAG

MIX
Papier aus verantwortungsvollen Quellen
FSC® C014138

Alle Rechte – auch die des auszugsweisen Nachdrucks, der fotomechanischen Wiedergabe, der Übersetzung und der Einspeicherung und Verarbeitung in elektronischen Systemen – vorbehalten.

© Elisabeth Kübler-Ross Family Limited Partnership

© der deutschen Ausgabe Verlag "Die Silberschnur" GmbH

ISBN 978-3-931652-21-0

1. Auflage 1997
2. Auflage 1998
3. Auflage 2000
4. Auflage 2003
5. Auflage 2005
6. Auflage 2011
7. Auflage 2017

Gestaltung: XPresentation, Güllesheim
Druck: Finidr, s.r.o. Cesky Tesin

Verlag "Die Silberschnur" GmbH · Steinstraße 1 · D-56593 Güllesheim
www.silberschnur.de · E-Mail: info@silberschnur.de

Vorwort

Dies vorliegende Büchlein der berühmten Ärztin und Thanatologin Elisabeth Kübler-Ross ist gerade einen Tag vor dem Schlaganfall der Autorin beendet worden – und war zugleich ihr Vermächtnis. Elisabeth Kübler-Ross starb 2004, um, wie sie es ausdrückte, “zurück nach Hause zu gehen”.

Sie hatte an den Betten der Sterbenden viel über das Leben nach dem Tod erfahren, denn viele waren fähig gewesen, schon vor dem letzten Atemzug einen Blick hinter den Schleier zu werfen. Was sie erlebten, war ein freudiges Erwartetwerden von ihren geliebten Angehörigen, die ihnen vorausgegangen waren. Diese berichteten ihnen von den Schönheiten des nachtodlichen Lebens oder ließen sie bereits einen Blick auf eine Welt voller Licht und Liebe werfen. Somit können wir verstehen, dass die Autorin große “Sehnsucht nach Hause” hatte, durfte sie doch durch die Arbeit mit Sterbenden selbst schon den Schleier heben, um in diese lichtvolle Welt zu schauen.

Wir, liebe Elisabeth, danken Dir für all Dein Vertrauen, das Du in uns als Verlag gesetzt hast. Wir wünschen Dir viel Freude und Liebe, wenn Du zu Hause angekommen bist.

In Liebe
Dein Verlag "Die Silberschnur"

Vor einigen Jahren bat mich mein deutscher Herausgeber, Trutz Hardo, ein Buch über bedingungslose Liebe zu schreiben. Ich sagte, ich würde das gerne tun, aber wie sollte ich über etwas schreiben, das ich hier auf Erden noch nie erlebt hatte – auch wenn ich den Begriff des öfteren benutze? Diese Form von Liebe gibt es nur in höheren Dimensionen, doch davon möchte ich Ihnen nun erzählen.

Während meiner Forschungsarbeit über das Leben nach dem Tod hatte ich ein außergewöhnliches Erlebnis. Da ich zur damaligen Zeit noch nichts über das "kosmische Bewußtsein" wußte, gab es für meine Erfahrung keinerlei Erklärung.

Es war am Monroe Institut in Virginia, als ich Robert Monroe zum erstenmal über Erfahrungen außerhalb des Körpers sprechen hörte. Er war in der Lage, solche außerkörperlichen Erfahrungen künstlich, durch die Einwirkung von Klang, herbeizuführen. Ich bin, wie alle Wissenschaftler, sehr skeptisch, und die Möglichkeit, eine solche Erfahrung, die ich mir noch nicht einmal vorstellen konnte, zu erleben, war sehr verlockend. So entschied ich mich, mit einer kleinen Gruppe von ebenso skeptischen Wissenschaftlern dieses Experiment mitzumachen. Ich war entschlossen, auf meine eigene Weise damit zu experimentieren. Außerdem versprach Monroe, sich nicht einzumischen. Er war sehr großzügig und sichtlich erfreut darüber, daß ich gekommen war.

Jeder von uns – wir waren 5 oder 6 an der Zahl – lag auf einem Wasserbett, und durch Ohrhörer lauschten wir Klängen, die für uns nicht identifizierbar waren. Ich hatte den Verdacht, daß unterschwellige Botschaften auf der Kassette waren, aber Monroe stritt dies entschieden ab. Als wir mit dem Experiment anfingen und er uns aufforderte, uns zu fokussieren, verließ ich meinen Körper. Ich hatte so etwas noch nie erlebt und fand es sehr aufregend. Sowie ich die Zimmerdecke erreicht hatte, beschloß ich, auf eigene Faust weiterzumachen. Ich wollte die Anzahl der Schichten der Decke herausfinden und später dann ein Loch durch die Decke bohren und überprüfen, ob meine Beobachtungen stimmten. Doch als ich an der Decke schwebte, rief Monroe mich zurück und sagte: “Elisabeth, Sie gehen zu weit.” Ich war sehr

ärgerlich auf ihn, denn ich wollte weitermachen. Dieses erste Experiment war nach zwei Stunden beendet, doch wir konnten es ein zweites Mal wiederholen. Bevor wir den zweiten Versuch starteten, faßte ich im Stillen den Entschluß: "Diesmal werde ich mich schneller fortbewegen als das Licht und weiter gehen, als es je einem vor mir möglich war." Kaum hatte Monroe mit dem Experiment begonnen, war ich auch schon in der horizontalen Lage, und es schien mir, als würde ich Tausende von Meilen reisen. Dann kam mir der Gedanke, mich wohl besser nicht in der Horizontalen fortzubewegen, denn ich könnte ja gegen eine Wand prallen. Wie gesagt, das alles war noch Neuland für mich. Allein schon der Gedanke, meine Lage ändern zu wollen, veranlaßte meinen Körper, sich sofort aufzurichten. Daß ich allein durch meine Gedanken die Richtung verändern konnte, beeindruckte mich sehr. Und ich bewegte mich tatsächlich schneller als das Licht.

Als ich zurückkam, hatte ich keinerlei Erinnerung mehr, wo ich gewesen war und was ich erlebt hatte. Nur eines wußte ich: Ich war vollkommen verändert. Vor diesem Erlebnis hatte ich aufgrund einer Geschwulst große Unterleibsschmerzen gehabt. Die

Schmerzen waren kaum auszuhalten gewesen, und so hatte ich Medikamente einnehmen müssen, nur um überhaupt ausgestreckt auf dem Bett liegen zu können. Nach meiner Rückkehr waren die Schmerzen verschwunden. Ich wußte, ich war geheilt. Ein Bandscheibenvorfall hatte mir ebenfalls große Pein bereitet, ich hatte nicht einmal eine Audio-Kassette vom Boden aufheben können. Nun fühlte ich mich wie Herkules: stark, belebt, jung und gesund. Ich hätte einen hundert Pfund schweren Zuckersack heben können. Alle bemerkten die Veränderungen und wollten wissen, was passiert war. Aber ich sagte nur: “Ich habe keinerlei Erinnerung mehr an das, was geschehen ist.” Sicherlich wollte ich mich in diesem Moment auch nicht erinnern, da ich mein Erlebnis nicht mit den anderen teilen wollte. Ich verstand es ja selbst nicht. Diese Leute waren alle große Kapazitäten auf dem Gebiet der wissenschaftlichen und medizinischen Forschung, aber ich kannte sie nicht persönlich. Sie erzählten mir, daß ein weißes Licht von mir ausstrahle und ich mindestens 20 Jahre jünger aussehe.

Schließlich führten sie mich in ein kleines, abgelegenes Zimmer und forderten mich auf, meinen Finger in die Mitte meiner Stirn zu halten. Das würde mir helfen, die Erinnerung wieder zurückzubringen. Ich tat alles, was sie mir sagten, aber nichts geschah. Da es schon spät war, gingen sie schließlich zu ihren Hotels zurück, und ich bekam eine Unterkunft in einem kleinen Privatquartier in den Bergen. Das Haus wurde "L-Haus" genannt und war wunderschön. Es sah orientalisch aus und war nur besonderen Gästen vorbehalten. Ich hatte es ganz für mich allein. Das Haus bestand aus einem einzelnen, sehr großen, luftigen Raum, der eine sonderbare Ausstrahlung hatte. Ich war zum ersten Mal in den Bergen von Virginia, alleine in einer abgelegenen Gegend, etwa 20 Minuten zu Fuß vom Hauptgebäude entfernt.

Alles, was ich wußte, war, daß ich zu weit gegangen war. Es war mir nicht klar, was das bedeutete, aber ich hörte es laut und deutlich: "Du bist zu weit gegangen!" Ich wußte, es war meine eigene Überzeugung. Ich war eigensinnig gewesen, und ich hatte das Gefühl, daß es nicht richtig war, schneller als Licht sein zu wollen und weiter gehen zu wollen als jeder andere vor mir. Es war keine Warnung und kein Tadel, sondern einfach eine Feststellung, und das bedeutete für mich: "Wenn du einmal dort gewesen bist und zurückkehrst, kannst Du nie wieder das sein, was du vorher warst."

Als ich das Haus betrat, hatte ich das unbehagliche Gefühl, als ob als Folge meines arroganten Verhaltens ein Unheil in der Luft liegen würde. Aber da ich die Sache angefangen hatte, würde ich sie auch zu Ende bringen.

Es war ein sehr merkwürdiges Haus. Als ich mich schlafen legte, hatte ich das untrügliche Gefühl, nicht allein zu sein. Ich sah jedoch niemanden und hörte auch niemanden. Vergessen Sie nicht, ich war eine sachliche, rational denkende, schweizerische Wissenschaftlerin und glaubte nicht an geistige Führer oder Schutzengel. Dennoch war ich absolut sicher, nicht allein in dem Haus zu sein, weshalb ich mich nicht ganz auszog und erst recht kein Bad und keine Dusche nahm, weil ich dabei nicht beobachtet werden wollte. So kroch ich, mit meiner Unterwäsche bekleidet, ins Bett. Ich fühlte mich wie ein Angsthase.

Ich war sehr unruhig und vermied es, einzuschlafen. Eine innere Stimme sagte mir, daß etwas passieren würde, wenn ich einschliefe. Aber gegen zwei oder drei Uhr morgens, war ich dann doch so

müde, daß ich mich nicht mehr länger wach halten konnte. In dem Moment, als ich eingeschlafen war, brach die Hölle los – ein Alptraum, der mit Worten nicht zu beschreiben ist. Bis zu diesem Zeitpunkt hatte ich Tausende von Patienten leiden und viele sterben sehen. Ich hatte ein sehr persönliches Verhältnis zu meinen Patienten und liebte sie sehr. In dem, was nun geschah, durchlitt ich buchstäblich den Tod jedes einzelnen meiner Patienten. Ich hatte Bauchschmerzen, Kopfschmerzen und konnte kaum atmen. Die Schmerzen waren einfach unbeschreiblich. Ich nahm deutlich wahr, was in meinem Körper vor sich ging und wo die Schmerzen herkamen. In meiner Pein wünschte ich, jemand würde mir seine Schulter reichen, damit ich meinen Kopf anlehnen könnte. Ich fühlte mich wie eine Frau, die ein Kind erwartet und in den Wehen liegt. Das Atmen wurde immer schwieriger, und klar denken konnte ich auch nicht mehr. Ich wußte nur, daß ich die linke Schulter eines Mannes brauchte, um mich anzulehnen. Und dann hörte ich diese laute, donnernde Männerstimme. Sie war überall, neben mir, über mir, innerlich und äußerlich, und sie rief: "Es soll dir nicht gewährt werden." Ich weiß, daß Gott weder eine Frau noch ein Mann ist, aber das war eindeutig eine harte, männliche Stimme. Ich wollte schon sagen: "Ich habe so vielen Menschen meine Schulter geboten, um ihnen Trost zu geben. Ich denke, ich habe es jetzt verdient, daß wenigstens einer mir hier beisteht." Aber ich hatte weder die Kraft noch die Energie, es auszusprechen.

Mittlerweile befand ich mich schon zwei oder drei Stunden lang in dieser Agonie. Ich war weniger wählerisch geworden und wäre schon froh gewesen, wenn ich wenigstens eine Hand zum Festhalten gehabt hätte. Es war mir nicht mehr so wichtig, ob es ein Mann oder eine Frau war, eine linke oder rechte Hand, solange es überhaupt eine menschliche Hand war, die ich halten konnte. Ich war so sicher, daß ich diese Stütze bekommen würde. Und dann hörte ich wieder diese donnernde Stimme: "Es soll dir nicht gewährt werden."

Nach zwei weiteren Stunden – oder waren es mehr? – flüsterte ich: "Wenn mir jemand wenigstens einen Finger reicht, damit ich weiß, daß ein menschliches Wesen hier ist, bin ich schon glücklich." Aber nichts geschah. Nun wurde ich ärgerlich und sagte: "Verdammt noch mal, wenn mir niemand seine Hand reicht, um mir zu helfen, oder eine Schulter zum Anlehnen, dann will ich auch den Finger nicht haben." Die Schmerzen in meinem Körper hielten an. Ich war mittlerweile so starrsinnig geworden, daß ich selbst die Berührung einer Fingerspitze ablehnte. Ich rief: "Genug ist genug. Wenn ich es nicht wert bin, eine Hand gereicht zu bekommen, dann will ich gar nichts haben."

Ich war zu dieser Zeit – ich glaube es war Ende der 60er oder Anfang der 70er Jahre – nicht an Religion interessiert. Doch in diesem Moment wurde ich zu einer gläubigen Christin, und dieser Glaube kam aus dem tiefen, inneren Wissen, daß Gott einem Menschen nie mehr auflädt, als er ertragen kann. Ich wußte dies, mit absoluter Sicherheit! Er hatte mich durch sehr, sehr viel Leid gehen lassen, aber Er wußte, wann die Grenze erreicht war. Er war ein harter Gott. In meinen Augen war Er schlimmer als die Hölle, aber Er wußte, wieviel ich verkraften konnte. Irgendwie wußte ich auch, daß das einzige, was von mir erwartet wurde, war, "ja" zu sagen zu diesem Alptraum. Genau das tat ich: "Lade alles auf mich, alles auf einmal. Zieh es nicht weiter in die Länge, denn ich bin am Ende meiner Kraft und Ausdauer." Ich glaube, ich sagte es sogar laut.

Und im selben Moment war alles vorbei. Merkwürdigerweise waren die Schmerzen wie weggeblasen. Ich lag flach auf dem Bett und versuchte zu fassen, was soeben geschehen war. Meine Bauchdecke begann, heftig zu vibrieren. Ich beobachtete die Bewegung der Muskulatur, und mein skeptischer wissenschaftlicher Verstand konnte nicht glauben, was ich mit eigenen Augen sah. Muskeln können das einfach nicht! Dann bemerkte ich auf einmal, daß meine Oberschenkel genauso vibrierten, ebenso meine Knie, meine Beine, meine Füße, jeder Teil meines Körpers vibrierte in einer enorm hohen Geschwindigkeit. Ich blickte auf und sah, daß auch die Wände vibrierten und sogar der Baum draußen vor dem Fenster. Ich war fasziniert von der Erkenntnis, daß offenbar alles in seiner molekularen Struktur Schwingung ist. Wo ich auch hinsah, alles bewegte sich in Millionen von Vibrationen. Es erschien völlig unwirklich und doch unglaublich faszinierend.

Zur selben Zeit sah ich vor meinen Augen die Knospe einer Lotusblume. Sie war von unbeschreiblich schöner Farbe und begann, sich langsam zur vollen Blüte zu öffnen. Und dann bewegte sich mein ganzes Wesen durch die Blüte hindurch auf das Licht zu, das hinter der Lotusblume aufleuchtete. Alles, was ich wollte, war, zu diesem Licht zu gelangen, das mich wie ein Magnet anzog. Noch Augenblicke vorher, war ich tausend Tode gestorben, und jetzt erlebte ich eine Wiedergeburt, wie man sie sich schöner nicht vorstellen kann. Ich kann dieses Licht am besten als ein Wasserbett aus Liebe beschreiben, in das ich einsank. In der Gegenwart dieses Lichtes wußte ich alles. Ich wußte, daß wir alle von diesem Licht kommen und eines Tages wieder dorthin zurückkehren werden. In diesem Licht ist alles Wissen – nicht nur Glaube. Es ist Wissen, Friede, Glückseligkeit, EINSSEIN. Dieser Friede und diese Liebe überstiegen alles, was ich je auf Erden erlebt hatte. Ich hörte das Wort Shanti Nilaya, wußte aber nicht, was es bedeutete, und es interessierte mich in diesem Moment auch nicht. Ich wußte nur eins: Nach meinem Erwachen mußte ich die grüne Robe tragen, die ich vor Jahren in einem Schaufenster in San Francisco gesehen und, einem inneren Impuls folgend, gekauft hatte. Sie war wunderschön, handgewebt und sehr alt. Seitdem trug ich sie in meinem Koffer mit mir herum, hatte sie aber noch nie angezogen.

Ich würde also vor Sonnenaufgang aufstehen, die grüne Robe und Sandalen anziehen und zum Monroe-Haus hinunterlaufen, wo Monroe bereits auf mich warten würde. Er würde mich ansehen, aber keine Fragen stellen, denn es wäre noch zu früh für mich, mit irgend jemandem über dieses Erlebnis zu sprechen. Ich mußte erst selbst herausfinden, was das alles bedeutete.

Dieser Gang den Berg hinunter war sehr ungewöhnlich. Wie erwartet, war ich kurz vor Sonnenaufgang aufgewacht, hatte meine Robe und die Sandalen angezogen und hatte mich auf den Weg gemacht. Ohne es zu berühren, schritt ich über das Gras. Ich war so erfüllt von Liebe für jeden Grashalm, jedes Blatt, jeden Vogel, jede Ameise, buchstäblich für alles, was da war. Ich erinnere mich noch, als wäre es gestern gewesen. Ich wagte nicht, die Kieselsteine zu berühren, denn ich wollte ihnen nicht weh tun. So "schwebte" ich zwei bis drei Zentimeter über den Kieselsteinen und dem Gras. Ich hoffte, Monroe würde mich nicht so sehen und mich fragen, was ich da mache.

In meinem ganzen Leben hatte ich noch nie eine solche Liebe für alles empfunden. Ich sprach zu den Steinen, zum Gras und zu

den Blättern. Die Vögel waren meine Freunde, wir waren alle eine große Familie.

Es war sehr schwer, wieder in die Wirklichkeit zurückzukehren.

Kurz nach diesem Erlebnis fuhr ich wieder nach Hause. Noch Wochen danach versuchte ich herauszufinden, was da wirklich geschehen war. Ich war wieder daheim, wusch Geschirr, putzte Schuhe und kochte für meine Familie, und doch war alles anders als zuvor. Ich sagte mir selbst, daß diese alltäglichen Arbeiten mir helfen würden, mich in der irdischen Realität wieder zurechtzufinden.

Einige Wochen nach diesem außergewöhnlichen Ereignis leitete ich einen Workshop in San Francisco; anschließend sollte ich einen Vortrag in der Nähe von Berkeley halten. Ich hatte eine Abmachung mit diesen Leuten getroffen, daß jemand kommen sollte, um mir in diesem Workshop zu assistieren, und als Gegenleistung würde ich in ihrer Gemeinde den Vortrag halten. Der Mann, der mir versprochen worden war, tauchte aber nie auf, und so fühlte ich mich auch nicht verpflichtet, meinen Teil der Abmachung einzuhalten. Am letzten Tag meines sehr erfolgreichen Seminars riefen die Leute von Berkeley an und sagten, Hunderte von Menschen wären da und würden auf mich warten. Ich sagte: "Warten? Worauf?" "Auf Ihren Vortrag." Ich erwiderte: "Wir hatten eine Abmachung, daß ich kostenlos einen Vortrag halte, wenn jemand kommt und mir in meinem Workshop assistiert." Anscheinend hatte ihnen niemand von dieser Vereinbarung berichtet. So erklärte ich mich bereit zu kommen, aber nur, wenn mich jemand abholte.

So war ich vollkommen unvorbereitet für diesen Vortrag, noch weniger hatte ich eine Ahnung, worüber ich sprechen sollte. Der Saal war bis auf den letzten Platz besetzt, und alle Größen der New Age-Gesellschaft erschienen. Während ich noch überlegte, was ich machen sollte, hatte ich plötzlich eine Eingebung: "Ich muß ihnen von meinem Erlebnis in Virginia erzählen und ihnen klarmachen: Das, was eine einfache, rational denkende, schweizerische Wissenschaftlerin voller Skepsis und Unglauben erlebt hat, kann jeder erfahren, der will."

So berichtete ich den Leuten von der spirituellen Entwicklung einer halbherzigen, skeptischen Protestantin und von meinem außergewöhnlichen Erlebnis. Ich hatte nie in meinem Leben meditiert, rauchte wie ein Schlot, aß Fleisch und trank Kaffee; ich war ein ganz normaler Mensch und glaubte nicht an all den esoterischen Unsinn. Ich schloß mit den Worten: "Für mich ist es sehr wichtig, die Botschaft zu verstehen, die ich erhalten habe, und die Bedeutung von Shanti Nilaya herauszufinden. Ich weiß, daß Shanti Frieden heißt, aber was heißt Nilaya? Vielleicht kann jemand von Ihnen mir helfen, mein Erlebnis besser zu verstehen!"

Unter den Zuhörern war eine Gruppe von vierzehn buddhistischen Mönchen, die klatschten und sich in tiefem Respekt verbeugten. Sie waren sehr freundlich und erklärten mir: "Shanti Nilaya ist aus dem Sanskrit und bedeutet 'Haus des Friedens'. Es ist der Ort, von dem wir kommen und zu dem wir nach Beendigung aller unserer Inkarnationen zurückkehren, aber erst, wenn wir alle Lektionen gelernt haben." Sie nannten mein Erlebnis eine Erfahrung des kosmischen Bewußtseins. Ihre Erläuterungen brachten mir viel Klarheit.

Nur mit einer Sache stimmten sie nicht überein. Bezüglich meiner Bemerkung, daß ich keine Meditierende sei, erwiderten sie: "Wenn Sie sich um Ihre Kinder oder die sterbenden Patienten kümmern, richten Sie Ihre ungeteilte Aufmerksamkeit auf sie. Wir nennen das

“Dharma-Meditation.” Wenn das Meditation ist, dann habe ich Tausende von Stunden meditiert, allerdings wäre ich nie auf den Gedanken gekommen, das als Meditation zu bezeichnen.

Und noch etwas hatte sich verändert: Vor diesem Erlebnis hatte ich keine Ahnung, was Liebe wirklich ist. Die Menschen sagen: “Ich liebe dich.” Was sie wirklich meinen ist: Ich gebe dir etwas, aber ich erwarte auch etwas von dir. Die Liebe, die ich damals erfahren habe, ist ganz anders, einfach unbeschreiblich. Ich war von Zufriedenheit und Frieden erfüllt und hatte keinen anderen Wunsch mehr, als nur in diesem Licht zu bleiben. Ich wollte noch nicht einmal zu meinen geliebten Kindern zurück, auch nicht zu meinem Mann, meinem Haus oder irgend jemandem. Nichts mehr war wichtig für mich. Ich verschmolz mit diesem Licht, war vollkommen eins mit ihm und der Liebe. Es war wie das Eintauchen in eine Sonne, durch das man mit ihr verschmilzt. In diesem Licht hatte ich alles Wissen der Welt. Das ist die Quelle, aus der wir kommen und zu der wir wieder zurückkehren. Alles dazwischen ist ein Alptraum, die Hölle. Doch nehme ich gerne jeden Alptraum und alle Tode auf mich für einen einzigen Funken dieser Liebe.

Aber während ich in diesem Licht schwelgte, dachte ich nicht über diese Dinge nach. Trotzdem wußte ich, daß ich nicht bleiben konnte – ich mußte wieder zurück.

Nach diesem Erlebnis hatte sich mein Bewußtsein, was wahre Liebe ist, verändert. Es gibt absolut nichts hier auf Erden, was im entferntesten mit dieser Liebe vergleichbar wäre.

Ich wußte, Monroe würde meinen Zustand respektieren und mir keine Fragen stellen. Er würde genügend Abstand wahren, was es mir erlaubte, noch etwas länger in diesem sakralen Zustand zu bleiben. Ich spürte, wenn ich zu früh über das Erlebte sprechen würde, würde etwas von der spirituellen Besonderheit dieser Erfahrungen verlorengehen. Das konnte ich nicht zulassen. Erst drei Monate später war ich in der Lage, anderen von diesem Erlebnis zu berichten. An jenem Abend in Berkeley sprach ich zum erstenmal in der Öffentlichkeit darüber. Meine Zuhörer machten es mir durch ihr Verständnis, ihre Liebe und respektvolle Haltung leicht, das Erlebte in Worte zu fassen. Ihre Reaktion basierte auf ihrem hochentwickelten Bewußtsein. Anstatt nach diesem Vortrag nach Hause zu fahren, ging ich in eine Buchhandlung und erkundigte mich nach einem Buch mit dem Titel “Kosmisches Bewußtsein”, das mir jemand empfohlen hatte. Ich kaufte es, und nachdem ich es gelesen hatte, war mir vieles klarer geworden. Dennoch: Darüber zu lesen, ist in keinster Weise mit der Erfahrung selbst zu vergleichen.

Seit dieser Zeit verwendete ich den Begriff der “bedingungslosen Liebe”. Die Menschen müssen wissen, daß es sie gibt, wenn auch nicht hier auf unserem Planeten. In meinen Workshops bezog ich nun neben der physischen, emotionalen und mentalen Seite des Lebens auch die spirituelle mit ein und bezeichnete diese Aspekte als die “vier Quadranten”. Ohne diesen spirituellen Aspekt sind wir wie Tiere. Unser Leben wäre nichts wert. Normalerweise öffnet sich der spirituelle Bereich in der Pubertät. Wenn Kinder allerdings schon in sehr jungen Jahren schweres Leid erfahren, durch Behinderungen, Mißbrauch, physische Mißhandlung, Leukämie o. ä., erfolgt diese Öffnung schon früher. Je größer das Leiden, desto früher die Entfaltung der Spiritualität. Es ist wie ein Geschenk, das diese Kinder als Ausgleich für ihr Leiden erhalten und das ihnen hilft, all das Schwere zu ertragen. Kinder in den

Konzentrationslagern wußten, daß aus der Raupe ein Schmetterling wird, sie also nicht stirbt, sondern in anderer Form weiterlebt. Ich habe zehnjährige leukämiekranke Kinder erlebt, die die Weisheit alter Menschen besaßen. Und ich habe auf der Kinderstation Kinder erlebt, die trotz ihrer jungen Jahre weiser waren als alle anderen Menschen, die ich kannte. Sie waren wunderbar! Sie wußten, was wahre Liebe ist!

Mein Erlebnis hatte natürlich auch seine Auswirkungen auf meine Workshops. Zum erstenmal wußte ich, wovon Menschen sprachen, die über ähnliche Erfahrungen berichteten. Wenn auch die Intensität der Erfahrung dieser unbeschreiblichen, bedingungslosen Liebe im Laufe der Zeit sehr nachläßt, so sehnt man sich doch den Rest seines Lebens danach zurück. Die Zeit zwischen unseren Inkarnationen verbringen wir in dieser Liebe, und es ist ein sehr großes Opfer, wieder in den physischen Körper mit seinen Begrenzungen zu schlüpfen und nur bedingt Liebe erfahren zu können.

Ich mußte während dieser Erfahrung auf einer sehr hohen Ebene gewesen sein, denn ich bemerkte, daß die Wahrnehmung dieser

Liebe immer mehr abnahm, je näher ich der Erde kam. Obwohl der Grad dieser Empfindung auch in der geistigen Welt variiert, sehnen wir uns ausnahmslos nach ihr zurück. Diese Sehnsucht ist es, die uns vorantreibt und uns die Energie gibt, weiterzumachen. In diesem Licht entscheiden wir uns, was wir mit unserem Leben machen, und versprechen Gott, unser Vorhaben zu erfüllen. Doch wenn wir wieder in unserem physischen Körper sind, können wir uns nicht mehr erinnern, warum wir hierhergekommen sind. Es wird das "kleine" und das "große" Versprechen genannt. Letzteres ist Ihr Beitrag zur Verbesserung der Lebensbedingungen auf diesem Planeten.

Mein erstes großes Versprechen war, Menschen zu lehren, einander mit mehr Mitgefühl, mehr Liebe und mehr Verständnis zu begegnen. Ich wollte vor allem dafür sorgen, daß Sterbende akzeptiert und mit mehr Liebe behandelt werden. Diese Menschen wurden über ihren Zustand belogen und in ein Zimmer abgeschoben, das möglichst weit vom Schwesternzimmer entfernt war. Man fragte sie nicht einmal, wo und wie sie sterben wollten. Für mich war es leicht, meinen sterbenden Patienten bedingungslose Liebe zu geben, denn es war ja immer nur für einen begrenzten Zeitraum. Ich wußte, daß sie bald sterben würden.

Die Frage, ob es ein Leben nach dem Tode gibt, interessierte mich damals nicht. Ich hatte meinen Patienten schon immer meine ungeteilte Aufmerksamkeit geschenkt, aber es war viel leichter, nachdem ich selbst einmal bedingungslose Liebe erfahren hatte. Es fiel mir nicht schwer, mich mit hundert sterbenden Patienten zu beschäftigen, die deprimiert, ärgerlich und gemein waren. Ich liebte sie einfach. Allerdings glaube ich nicht, daß ich ihnen diese intensive Aufmerksamkeit und Liebe über viele Jahre hindurch hätte geben können. Bei unseren eigenen Kindern ist das vielleicht möglich, aber bei diesen Patienten bezweifle ich das. Doch die Erinnerung an die ungeteilte Liebe wird, wie gesagt, mit der Zeit immer schwächer, da man mehr und mehr in die irdischen Schwingungen hineingezogen wird.

Nach meiner Rückkehr in die Realität wußte ich, daß diese höhere Dimension existiert. Es war nicht nur Glaube, ich wußte, daß es den Tod nicht gibt. Die Verwandlung einer Raupe zu einem Schmetterling bedeutet nicht, daß die Raupe nicht mehr existiert, sondern nur, daß sie in einer anderen Form weiterlebt.

Einige Jahre später erhielt ich in Kalifornien den Auftrag, über das Leben nach dem Tod zu sprechen. Ich rebellierte und wollte das Angebot als Unsinn ablehnen. Man hatte mich "Die Dame von Tod und Sterben" genannt, und nun sollte ich auf einmal das Thema wechseln und den Leuten erzählen, daß es überhaupt keinen Tod gibt? Eine gute Bekannte sollte mich vom Flughafen abholen. Ihr Ehemann, den ich nicht kannte, war ein Medium. Er drängte sehr darauf, mich zu treffen, denn er hatte eine wichtige Botschaft für mich.

Kaum hatte ich das Haus betreten, fing er schon an, mit veränderter Stimme zu sprechen. Der Auftrag kam von einem meiner geistigen Führer. Was er zu sagen hatte, hörte sich phantastisch an, aber ich lehnte ab: "Nein, danke. Ich habe genug Arbeit mit den Sterbenden geleistet. Ich werde jetzt mein Thema nicht ändern. Das ist etwas für die Priester, nicht für mich." Aber mein Führer erwiderte: "Nein, es kann nicht von einem Vertreter der Religion oder Theologie kommen. Es muß jemand aus dem Bereich der Medizin und Wissenschaft sein, und es muß eine Frau sein, die zu 15.000 Menschen sprechen kann, damit sich jeder von ihnen persönlich angesprochen fühlt." Sie führten eine lange Liste von Argumenten auf, warum gerade ich es sein mußte, aber ich sträubte mich mit allen Mitteln. Ich versuchte, die Arbeit auf die Rabbiner, Priester oder andere Geistliche abzuschieben, aber sie ließen nicht locker. Schließlich gab ich nach und willigte ein. "Ich tue es, aber nur, wenn ihr mir helft." Und sie gaben mir ihr Versprechen.

Und so kam es – noch einige Jahre bevor das Buch über klinisch Tote von Raymond Moody erschien –, daß ich mit einem sehr engen Freund zusammensaß und Patienten interviewte. Er war Geistlicher, ich Ärztin, er schwarz, und ich weiß. Da er diesem Thema sehr offen gegenüberstand, war es sehr wohltuend für mich, mit ihm über alles reden zu können. Er hatte als Geistlicher in einer Unity Gemeinde gearbeitet und war in keiner Weise steif oder dogmatisch. Ich genoß es, nächtelang mit ihm zu philosophieren.

Eines Tages sagte ich zu ihm: "Wir müssen herausfinden, was Tod wirklich ist. Was passiert, wenn wir unseren Körper ablegen?" Wir beobachteten, daß Patienten, die bitter, häßlich und schwierig gewesen waren, kurz vor dem Sterben ein tiefer Friede überkam. Ihre ganze Erscheinung strahlte große Gelassenheit aus. Das mußte einen Grund haben. Ich beobachtete auch, daß sie mit jemandem sprachen, der für uns nicht sichtbar war, und diese Gespräche sie mit Freude erfüllten.

Mein Vater war weder religiös noch spirituell – ein typischer Schweizer, und außerdem sehr autoritär. In der Nacht, bevor er starb, war ich in seinem Schlafzimmer und beobachtete, wie er sich vorbeugte und mit seinem Vater sprach. Mein Großvater war zwar vor meiner Geburt gestorben, aber ich hatte viel von ihm gehört und liebte ihn sehr. Er hatte die letzten Jahre seines Lebens in einem Altersheim verbracht; niemand hatte ihn in all der Zeit besucht, niemand hatte sich wirklich um ihn gekümmert, und er starb sehr einsam. Mein Vater bat ihn dafür um Vergebung. Ich spürte, daß sein Vater ihm verzieh und Verständnis für die Handlungsweise meines Vaters aufbrachte. Danach konnte mein Vater in Frieden sterben. Dieses Erlebnis beeindruckte mich tief.

Dasselbe erlebte ich mit vielen meiner Patienten. Sie alle sprachen in den letzten Minuten ihres Lebens mit Wesen, die ihnen im Tode vorangegangen waren. Daher sagte ich zu meinem Freund: "Wir müssen weiterforschen, über den Tod und das Leben danach.

Wenn mein Großvater, der vor vierzig Jahren gestorben ist, mit meinem Vater hat sprechen können, dann bedeutet das, daß er noch gelebt hat."

Dann forderte ich meinen Freund heraus: "Ihr Geistlichen predigt von der Kanzel und glaubt kein Wort von dem, was ihr sagt. Wie oft hast du auf der Kanzel gestanden und gesagt: 'Bittet, und es wird euch gegeben werden.' Ich werde Gott jetzt um etwas bitten." Und ich erhob meine Hand zum Himmel. "Du bist ein Priester und mein Zeuge. Ich bitte Gott jetzt, uns bei unseren Nachforschungen über den Tod und das Leben danach zu helfen. Gott muß mir helfen, denn allein schaffe ich es nicht." Und ich war absolut überzeugt davon, daß ich alle Hilfe bekommen würde, die ich brauchte.

Eine Woche später erzählte uns eine unserer Patientinnen von ihrem Nahtod-Erlebnis. Als sie entdeckte, daß sie ihren Körper verlassen hatte, sprach sie beruhigend auf sich ein: "Sei ganz ruhig, es besteht kein Grund zur Panik. Alles ist in Ordnung." Niemand hörte sie. Sie versuchte sogar, die Ellbogen der anwesenden Personen beiseite zu stoßen, um sich einen Weg zu bahnen, aber sie bewegte sich mühelos durch die Arme hindurch. Sie war eine einfache Hausfrau aus Indiana und konnte nicht verstehen, was vor sich ging. Sie konnte jedoch alles hören, was gesprochen wurde, und registrierte sogar jeden Gedanken der anwesenden Schwestern und Ärzte. Obwohl sie schon seit vierzig Minuten versucht hatten, diese Frau wiederzubeleben, gab sie noch immer kein Lebenszeichen von sich. Während dieser Zeit erzählte einer der Ärzte einen schmutzigen Witz. Die Frau merkte sich den Witz, und so hatten wir später einen Beweis, daß sie tatsächlich alles mit angehört hatte, was gesprochen worden war. Da keine Lebenszeichen mehr feststellbar waren, wurde die Frau für tot erklärt und ihr Körper zugedeckt. Erst auf dem Weg zum Leichenschauhaus bemerkte jemand, daß sie sich bewegte. Schließlich waren die Ärzte in der Lage, ihre Lebensfunktionen wieder zu stabilisieren.

Sie erzählte uns und den achtzig anwesenden Medizin- und Theologiestudenten dann, was sie erlebt hatte. Da in Kürze die nächste Klasse zum Unterricht erscheinen sollte, beendeten wir das Interview und wollten sie in ihr Zimmer zurückbringen. Aber sie wollte nicht gehen. Ich fragte, ob sie noch eine Frage an mich hätte, und sie sagte: “Ja, ich muß wissen, ob ich verrückt geworden bin.” Ich versicherte ihr, daß sie nicht verrückt sei, aber sie wiederholte die Frage noch einmal: “Sind Sie sicher, daß ich nicht verrückt bin?”

Es war 5 Uhr, und ich mußte Schluß machen. So sagte ich zu ihr: “Ich kann Ihnen folgendes schriftlich geben: ‘Ich, Dr. Elisabeth Kübler-Ross, versichere Ihnen, Frau Schwarz, hiermit, daß Sie, solange ich Sie kenne, immer im Vollbesitz Ihrer geistigen Kräfte waren.‘ Sind Sie nun beruhigt?” Sie bedankte sich immer und immer wieder bei mir. Damals konnte ich mir nicht erklären, warum ihr das so wichtig war.

Erst später erfuhr ich, daß man, ohne diese von mir unterschriebene Erklärung, ihren geistigen Zustand tatsächlich in Frage gestellt und alle ihre legalen Verfügungen bezüglich ihres Sohnes für ungültig erklärt hätte.

Sie war sehr erleichtert, und ich brachte sie in ihr Zimmer zurück. Anschließend hatte ich eine Diskussion mit den Studenten. Sie fragten mich, warum ich diese Geschichte nicht einfach als Halluzination abtat. Das war ein Fall von Depersonifizierung. Sie

suchten nach allen nur erdenklichen psychiatrischen Etiketten. Sie waren wütend auf mich, weil ich die Erzählung dieser Frau ernst nahm, aber ich erwiderte: "Wenn ich in eine Hundepfeife blasen würde, wäre keiner von Ihnen in der Lage, sie zu hören, aber jeder Hund würde sofort angelaufen kommen. Wollen Sie deshalb behaupten, daß der Ton nicht existiert? Natürlich nicht. Es bedeutet lediglich, daß Ihr Gehör nicht auf diese Tonlage eingestimmt ist. Es würde Ihnen nicht schaden, etwas bescheidener zu sein. Lernen Sie, Achtung zu haben vor dem Wissen, das diese Menschen durch solch ein Erlebnis erlangen, auch wenn Sie es noch nicht erklären können. Wie ist es möglich, daß diese Frau einen Witz wiedergeben kann, der in der Zeit, in der sie klinisch tot war, erzählt worden ist? Sie können das als Wissenschaftler zwar nicht verstehen, aber das ändert nichts an der Tatsache selbst. Versuchen Sie, für neue Ideen offener zu sein. Sie können nur davon profitieren."

Wir hatten eine heiße Diskussion! Mein Freund und ich waren überzeugt, daß dieses Erlebnis das erste Zeichen der erflehten Hilfe war. Bereits eine Woche nach meiner Bitte an Gott, hatten wir einen Beweis für die Weiterexistenz eines Menschen bekommen, bei dem keine Lebenszeichen mehr nachweisbar gewesen waren. Die Frau berichtete von Dingen, die nach ihrem klinischen Tod passiert waren. Es war das erstemal, daß ich so etwas erlebt hatte. Ich sagte mir: Wenn es einen Patienten mit solch einem Erlebnis gibt, dann muß es auch möglich sein, zwanzig solcher Patienten zu finden.

Wir waren entschlossen, zwanzig weitere Fälle von Nahtod-Erfahrungen zu finden, und dann wollten wir weltweit in allen bekannten Zeitschriften darüber berichten. Wir wollten den Menschen klarmachen, wie wichtig es ist, auf solche Botschaften zu hören. In kurzer Zeit hatten wir die gewünschten zwanzig Fälle beisammen. Sie alle hatten etwas gemeinsam. Jeder von ihnen flehte mich an: "Dr. Ross, wenn ich Ihnen erzähle, was ich erlebt habe, müssen Sie mir Ihr Wort geben, mit niemandem darüber zu sprechen. Sie dürfen niemals meinen Namen erwähnen, denn wenn mein Pfarrer (Geistlicher, Rabbiner oder Doktor) davon erfährt, wird er mich für verrückt erklären und mich in eine psychiatrische Klinik einweisen lassen."

So schrieben wir nur die Fälle nieder, ohne je einen Namen zu erwähnen oder den Familienmitgliedern, Pfarrern oder Ärzten davon zu berichten.

Erst als Moodys Buch erschien, begannen Millionen von Menschen zu akzeptieren, daß der Tod nicht das Ende ist. Die Herausgeber des Buches bestanden darauf, daß ich das Vorwort schreiben sollte, andernfalls würden sie es nicht drucken. In meinem Vorwort bestätigte ich die Existenz von Nahtod-Erfahrungen bei klinisch Toten. Das Buch erschien und wurde ein Riesenerfolg.

In all dieser Zeit habe ich immer wieder Hilfe von der anderen Seite bekommen. Als ich soweit war, mit meiner Arbeit über die Nahtod-Erfahrung an die Öffentlichkeit zu treten, bat ich erneut um Unterstützung: "Wie kann ich beweisen, daß der Körper des Menschen in dieser anderen Dimension wieder heil ist, einschließlich der Gliedmaßen, wenn sie am physischen Körper amputiert worden waren?"

Die Antwort bekam ich in der Begegnung mit blinden Menschen, die während ihrer außerkörperlichen Erfahrung wieder sehen konnten. Sie waren in der Lage, ein leuchtend lila Hemd mit gelb

und orangenen Mustern wahrzunehmen. Doch sobald sie in ihren physischen Körper zurückgekehrt waren, waren sie wieder blind. Wir bekamen alle Beweise, um die wir baten.

Dann wollte ich wissen, ob es wahr ist, daß Sterbende ihre Lieben, die ihnen im Tode vorausgegangen waren, sehen, und ich bat wieder um Führung.

“Wie kann ich das untersuchen?” Mir wurde mitgeteilt, daß ich zu diesem Zeitpunkt für die Antwort noch nicht bereit sei.

In der darauffolgenden Woche hörte ich von einer Indianerin, die an den Folgen eines Unfalls gestorben war. Kurz vor ihrem Tode hatte sie ihren Vater gesehen und mit ihm gesprochen, nicht wissend, daß er einige Augenblicke vorher etwa 700 Meilen entfernt von ihr gestorben war.

Wir hatten bisher fünf Fälle von Menschen, die kurz vor ihrem Tod Mitglieder ihrer Familie gesehen hatten, ohne zu wissen, daß diese nicht mehr am Leben waren. So etwas passiert oft an den verlängerten Feiertagswochenenden, an denen Familien für mehrere Tage verreisen. Sie werden in einen Unfall verwickelt, und die Mutter, der Bruder oder die Schwester stirbt. Die verwundeten

Kinder werden schnellstens zur nächsten Unfallstation gebracht, und niemand erzählt ihnen, wer am Unfallort bereits gestorben ist. Man hat Angst, die Kinder würden ihren Lebenswillen aufgeben, wenn sie wüßten, daß ihre Mutter tot ist.

So ging ich auf die Intensivstationen zu den Kindern, die dort mit schweren Traumata und Verbrennungen lagen und denen man noch nicht mitgeteilt hatte, daß andere Familienmitglieder bei dem Unfall getötet worden waren. In den letzten drei Tagen vor ihrem Tod überkam sie meist eine große Ruhe. Oder Kinder, die im Koma gelegen hatten, wachten noch einmal auf. Dann setzte ich mich zu ihnen, hielt ihre Hand und fragte, ob sie mir erzählen wollten, was sie erlebt hatten. Sie sahen mich nicht an, sondern durch mich hindurch; sie wußten genau, was der Grund für diese Frage war – ein Test, und nur wenn ich diesen bestand, würden sie mir Antwort geben. Ein kleines Mädchen sagte zu mir: "Es ist so friedlich dort, und ich weiß, daß alles in Ordnung ist. Mami und Peter warten schon auf mich."

Ich wußte, ihre Mutter war bereits am Unfallort gestorben, aber Peter war aufgrund seiner schweren Verbrennungen in eine

Sonderabteilung gebracht worden. Ich wollte sie nicht berichtigen, und so schwieg ich und verließ das Zimmer. Eine der Schwestern rief mich und teilte mir mit: “Dr. Ross, wir haben gerade die Nachricht bekommen, daß Peter vor zehn Minuten an seinen Verbrennungen gestorben ist.” Und ich erwiderte ganz gelassen: “Ja, ich weiß.” Sie sah mich verwundert an. Wie hätte sie auch wissen sollen, daß ich durch seine Schwester bereits von seinem Übergang in eine andere Dimension erfahren hatte. Nun wußte ich, daß diejenigen, die uns im Tode vorausgegangen sind, uns drüben willkommen heißen und unser Leben mit dem Tod nicht beendet ist.

Fünfzehn Jahre Forschungsarbeit liegen auf diesem Gebiet hinter mir, und ich kann mit absoluter Gewißheit sagen: Es gibt ein Leben nach dem Tod. Allmählich begann ich auch, mit Patienten darüber zu sprechen, aber nur mit denjenigen, die dazu bereit waren und das Thema von sich aus anschnitten.

Meine erste Erfahrung damit in der Öffentlichkeit hatte ich in einer Baptistenkirche in North Carolina. Ich war am Ende meines Vortrages angelangt und hatte gerade noch Zeit, eine Frage zu beantworten, als eine Frau, die sich offensichtlich in einem sehr

aufgewühlten Zustand befand, auf die Bühne kam und mich anflehte: “Frau Dr. Ross, ich muß wissen, was kleine Kinder erleben, wenn sie sterben.” Ich merkte, wie sehr ihr das Thema am Herzen lag. Dann erzählte sie von ihrem jüngsten Kind, einem zwei bis drei Jahre alten Jungen. Er war vollkommen gesund gewesen. Doch eines Tages mußte sie wegen einer Unpäßlichkeit mit ihm zum Arzt, der dem Jungen eine Spritze gab. Das Kind bekam einen anaphylaktischen Schock und starb. Die Mutter war vollkommen außer sich. Es dauerte etwa 45 Minuten, bis sie endlich ihren Ehemann ausfindig machen konnte, der auf einer Baustelle arbeitete. Gerade als der Vater das Zimmer betrat, öffnete der Junge auf einmal die Augen und sagte: “Mami, ich war tot. Es war wunderschön. Ich habe Jesus und Maria gesehen. Doch Maria hat mich an die Hand genommen und gesagt: ‘Peter, du mußt wieder zurückgehen. Du kannst hier nicht bleiben.’” Er versuchte, zu ignorieren, was Maria ihm sagte, aber sie wiederholte noch einmal sehr eindringlich, daß er nicht bleiben konnte. Da er nicht hören wollte, wurde sie sehr energisch und nahm ihn beiseite: “Peter, du kannst hier nicht bleiben. Du mußt zurück und deine

Mutter vor dem Feuer bewahren." Und der Junge sagte zu seiner Mutter: "Mami, als sie das sagte, kam ich so schnell ich konnte nach Hause." Und in diesem Moment öffnete er die Augen.

Diese Frau war aber seitdem in einem sehr depressiven Zustand. Ich war sehr erstaunt: "Warum sind Sie so deprimiert? Sie sollten tanzen und feiern. Sehen Sie denn nicht, welch großes Geschenk Maria Ihnen gemacht hat? Sie hat Ihnen Ihr Kind wiedergegeben." Die Frau wurde jedoch sehr ärgerlich: "Er soll mich vor dem Feuer retten. Womit habe ich es verdient, in der Hölle verbrannt zu werden? Ich habe immer mein Bestes versucht, eine gute Mutter und Ehefrau zu sein. Ich habe mich nie herumgetrieben, also warum soll ich in die Hölle kommen?" "Wer spricht denn von Hölle? Was hat Peter genau gesagt? Er ist zurückgeschickt worden, um seine Mutter vor dem Feuer zu bewahren! Sicherlich sind es die Lehren der Kirche, die aufgrund Marias Aussage in Ihnen Angst und Schuldgefühle ausgelöst haben. Ich werde Ihnen erklären, was Maria wirklich gemeint hat, und ich möchte, daß Sie mir, ohne zu überlegen, auf meine Frage antworten. Sprechen Sie einfach aus, was Ihnen als erstes einfällt. Wie hätten Sie sich gefühlt, wenn Maria Ihnen den Peter nicht zurückgeschickt hätte?" Die Frau raufte sich die Haare und schluchzte: "Es wäre die Hölle für mich gewesen." "Symbolisch ausgedrückt, ist das das Feuer, vor dem Maria Sie gerettet hat. Die Kirchen täten gut daran, sich an das zu halten, was Jesus wirklich gelehrt hat, anstatt Angst und Schuld unter den Menschen zu verbreiten."

Der Junge ist heute ein junger Mann und hilft vielen sterbenden Menschen.

Er war das jüngste Kind, das mir von derartigen Erfahrungen berichtete, und auch seine Mutter teilte sie mit anderen Mitgliedern in der Kirchengemeinde.

Kürzlich wurde ein Artikel über mich in der New York Times (April '95) veröffentlicht, dessen Verfasser nicht verstehen konnte, was mit mir geschehen war. Seiner Meinung nach erkläre ich meine bisherige Arbeit über den Tod und sterbende Patienten für null und nichtig, indem ich jetzt behaupte, daß es gar keinen Tod gebe. Meine Patienten haben mir klargemacht, daß es ein Leben nach dem Tod gibt, und ich glaube ihnen ohne den geringsten Zweifel.

Mein Lieblingsschriftsteller, Khalil Gibran, ist jetzt einer meiner geistigen Führer. Ich liebe ihn ganz besonders und bin fasziniert von der wunderbaren Ausdrucksweise seiner Schriften. Es sind zweifellos Informationen, die von anderen Bewußtseinsebenen kommen, Informationen von der Wahrheit des göttlichen Universums. Man kann sie immer und immer wieder lesen, ohne ihrer überdrüssig zu werden. Seit kurzer Zeit führe ich auch innere Dialoge mit ihm.

Er sagt mir, daß ich lernen muß, mehr Spaß im Leben zu haben. Ich kann damit nichts anfangen, denn ich habe nie gelernt, wie man das macht. Was soll ich tun, wenn ich hier alleine in der Wüste lebe? Soll ich über die Steine hüpfen?

In einem früheren Leben als Indianer soll ich der Häuptling Seattle gewesen sein. In einer Rede, die ich damals vor den Regierungsobersten hielt, versuchte ich, den Leuten klarzumachen, daß man Land nicht kaufen kann, genauso wie man den Himmel nicht kaufen kann, denn beide gehören uns allen. Ich wollte die Roten und die Weißen als Brüder und Schwestern zusammenführen. Ich glaube, ich war darin nicht sehr erfolgreich, doch zumindest hinterließ ich einen tiefen Eindruck. Auch heute noch lesen Menschen diese Rede, und ich hoffe, daß sie sich den Inhalt zu Herzen nehmen und in die Praxis umsetzen.

Ich sehe eine Verbindung zwischen dem damaligen und meinem jetzigen Leben. In beiden war es mein Bestreben zu lernen, alle Menschen gleich zu behandeln, ohne Rücksicht auf ihre Hautfarbe, Rasse oder ihre Handlungsweise. Jesus liebt alle gleich, ob sie nun Katholik, Protestant, Jude oder Moslem sind. In diesem früheren Leben war ich nicht sehr erfolgreich, es Jesus gleichzutun, denn ich mochte den weißen Mann mit seinen Gewehren nicht.

In dem Indianerleben damals versuchte ich, auf politischer Ebene ein friedliches Zusammenleben zwischen Menschen unterschiedlicher Hautfarbe zu ermöglichen. Heute konzentriere ich mich mehr auf die Seelenebene. Ich bemühe mich, den Bedürftigen zu helfen, vor allem den Sterbenden. Auch weise ich immer wieder darauf hin, wie wichtig unsere Gedanken, Worte und Handlungen sind. Nach unserem Tod werden wir auf unser Leben zurückschauen und wissen, was wir richtig und was wir falsch gemacht haben. Dann werden wir das spirituelle Gesetz verstehen: "Was du gesät hast, wirst du ernten."

Zwischen unseren verschiedenen Inkarnationen haben wir genügend Zeit, uns zu erholen und uns sorgfältig zu überlegen, was es als nächstes für uns zu tun gibt. Wir müssen genauestens überprüfen, was wir uns für dieses Leben vorgenommen hatten und inwieweit wir dieses Ziel erreicht haben. Es wird uns klar, was uns mißlungen ist und welchen Aspekt wir vielleicht nicht einmal berührt haben. Dann entscheiden wir uns, wo und wie wir die ungelernten Lektionen wiederholen können. Dieser Prozeß läuft auf vielen verschiedenen Ebenen ab.

Wenn ich mit diesem Leben fertig bin, werde ich auf die höchste mir mögliche Ebene gehen, und ich glaube nicht, daß ich freiwillig auf diese Erde zurückkommen werde. Im Jenseit werde ich allen meinen geistigen Freunden und Schutzengeln begegnen, mit Jesus auf den Sternen tanzen und mit meinem Mann, allen meinen Patienten, meinen Großeltern und Eltern ein Wiedersehen feiern. Dort gibt es nur Frieden, Harmonie und Verständnis. So werden Sie, meine lieben Leserinnen und Leser, verstehen, wenn ich sage:

Ich sehne mich danach,
nach Hause zurückzugehen.

Elisabeth Kübler-Ross, 1926 in der Schweiz geboren, studierte in Zürich Medizin. Bevor sie in die USA auswanderte, war sie in der Schweiz als Landärztin tätig. In den Vereinigten Staaten arbeitete sie anfangs in einigen psychiatrischen Kliniken in New York, Denver und Chicago.
Zeitweise ging sie einer Lehrtätigkeit an einigen Universitäten nach. In Virginia leitete sie ein Seminarzentrum mit dem Schwerpunktthema "Leben und Sterben". Auf der ganzen Welt hielt sie Workshops ab, um die Menschen zu lehren, ihre Liebesfähigkeit wiedzu entfalten.
Ihre Arbeit und Hingabe galten in ihren letzten Lebensjahren besonders sterbenden Kindern und Aidskranken. Elisabeth Kübler-Ross, die im August 2004 verstarb, hat mit ihren Forschungen den Menschen die Hoffnung gegeben, dass mit dem Tod - entgegen der "wissenschaftlichen" Meinung – ein neues, strahlenderes Leben beginnt, auf das wir uns alle freuen können.

Weiterführende Informationen zu
Büchern, Autoren und den Aktivitäten
des Silberschnur Verlages erhalten Sie unter:
www.silberschnur.de

Natürlich können Sie uns auch gerne den
Antwort-Coupon aus dem beiliegenden
Lesezeichenflyer zusenden.

Ihr Interesse wird belohnt!

Elisabeth Kübler-Ross

In Liebe leben

»In Liebe leben« ist die Essenz der Erfahrungen und Erkenntnisse der weltberühmten Ärztin und Sterbeforscherin Elisabeth Kübler-Ross. Durch ihr eigenes außerkörperliches Erlebnis und die Begleitung vieler Sterbender konnte sie Millionen Menschen die Angst vor dem Tod nehmen und die Bedeutung unseres Erdenlebens vermitteln.

Ein lichtvolles, liebevoll illustriertes Geschenkbüchlein, das uns daran erinnert, was das Wichtigste in unserem Erdendasein ist: »in Liebe leben«.

64 Seiten, durchg. farbig, gebunden,
ISBN 978-3-89845-024-9 · € [D] 9,90

Elisabeth Kübler-Ross

Worte an ein sterbendes Kind

Dougys Fragen über den Tod und das Leben danach

Was ist Leben? Was ist Tod? Und warum müssen Kinder sterben? Diese Fragen stellte der neunjährige, an Krebs erkrankte Dougy der berühmten Sterbeforscherin Elisabeth Kübler-Ross. In kindgerechter Sprache als Brief verfasst, mit farbigen Filzstiften geschrieben und liebevoll von Elisabeth Kübler-Ross illustriert, richtet sich ihre Antwort gerade an diejenigen, die noch nicht so lange gelebt haben, um den Sinn des Lebensende anderer – oder wie bei Dougy sogar das eigene frühe Sterben – zu verstehen. Ein ergreifender Brief, der es allen Verlassenen, insbesondere Kindern, ermöglicht, diese allerwichtigsten Lebensfragen besser zu verstehen und dadurch den Schmerz zu lindern.

24 Seiten, gebunden
ISBN 978-3-89845-333-2 · € [D] 8,95

Elisabeth Kübler-Ross

Über den Tod und das Leben danach

Geschenkausgabe

Der Bestseller der berühmten Sterbeforscherin in wunderschön illustrierter Geschenkausausgabe

Elisabeth Kübler-Ross beweist überzeugend und einfühlsam, dass es ein Leben nach dem Tod tatsächlich gibt.

Ihre Worte spenden Trost und Hoffnung, Vertrauen und Liebe. Sie geben praktische und seelische Hilfe und lehren uns, dass jedes noch so leidvolle Schicksal eine Botschaft für uns hat und uns eine neue Chance zum Wachstum bietet.

Diese wunderschön gestaltete und limitierte Ausgabe ist ein ideales Geschenkbuch und ein passendes Trostgeschenk für den Trauerfall.

144 Seiten, durchg. farbig, gebunden
ISBN 978-3-89845-519-0 · € [D] 19,95

Hardcover-Ausgabe:
128 Seiten, gebunden
ISBN 978-3-89845-365-3 · € [D] 12,95

Elisabeth Kübler-Ross

Sterben und leben lernen

Antworten über den Tod und das Leben

Die weltberühmte Sterbeforscherin Elisabeth Kübler-Ross nimmt dem Tod seinen Schrecken und zeigt uns, wie wir uns mit dem Sterben anfreunden können.
In einem berührenden Interview gibt sie Antwort auf Fragen zum Umgang mit Sterbenden und Angehörigen, zum Verlust eines mir Nahestehenden und dem eigenen Tod.
Ihre einfühlsame Auseinandersetzung mit dem Sterben hilft uns, den Tod als selbstverständlichen Teil des Lebens zu sehen. Hat der Tod erst seinen Schrecken verloren, so können wir befreit und ohne Angst im Hier und Jetzt leben.

128 Seiten, durchg. farbig, gebunden
ISBN 978-3-89845-487-2 · € [D] 12,95

Elisabeth Kübler-Ross

Warum wir hier sind

Antworten auf Fragen, die in ihren anderen Büchern noch nicht gestellt wurden, und uns alle bewegen:
Warum sind wir Menschen hier? Warum müssen wir immer wieder inkarnieren? Warum vergessen wir eigentlich, woher wir gekommen sind?
Was sollen wir in dieser Erdenschule lernen? Was können wir aus einer Partnerschaft lernen? Wie kann man mit dem Jenseits in Kontakt kommen? Wie bereiten wir uns auf ein erneutes Erdenleben vor? Hat denn alles, was einem im Leben widerfährt, einen Sinn?

60 Seiten, gebunden, mit zahlr. Farbfotos
ISBN 978-3-931652-72-2 · € [D] 14,90

Elisabeth Kübler-Ross

Der Liebe Flügel entfalten

Dieser Geschenkband von Elisabeth Kübler-Ross behandelt das wichtigste Thema der Menschheit, die LIEBE. Ihr Sohn Ken Ross, Profi-Fotograf, unterstreicht mit seinen meditativen Fotos die Intensität und Tiefe dieses Buches. Die Autorin versteht es, uns anhand von vielen selbst erlebten Geschichten nahezubringen, welche Bedeutung die Liebe für jeden von uns hat. Sie zeigt uns, wie wir ehrlich, ohne unsere negativen Gefühle zu ignorieren oder zu unterdrücken, den Weg der Liebe einschlagen können. Dieses Buch lässt uns die Liebe umfassender begreifen und berührt die tieferen Schichten unserer Seele.

60 Seiten, gebunden, mit 12 Farbfotografien
ISBN 978-3-923781-99-7 · € [D] 13,90